Panegirica alabanca del molt illustre y Reuerent Doctor Pau Claris, Canonge de la Santa Iglesia Cathedral de Vrgell, Deputat Eclesiastich del Principat de Cathalunya

Francisco Fontanella, Pau Claris

PARE Y SENYOR.

Vptaua lo primer dels Magnos Alexádro a qual de-
uia mes, al Stagirita Ariſtotil ſon meſtre, ò al Ma-
cedò Philippo ſon Pare. Agena veig eſta ambigue-
dat pus venerantuos per Pare, y per Meſtre, deſ-
dels primers alientos de ma vida, y deſde les pri-
meres lineas de ma enſenyáça vnidas miro les dos
obligacions a vos duplicadament correlatiuas.

Debil paga a tát geminat empenyo es eſta panegirica inſcripciò,
primera flor de mon camp, primer efecte de voſtre cultura, pero no
es paga perquè naix tant voſtra, que nius ha pogut eſſer deguda, que
com a filla de mon ingeni, es nada en voſtre Patria poteſtat, ſens
ſubjectarſe a la mia.

Sino es q com a *quaſi caſtrenſe* pecúli, adquirit *in caſtris* de Minerua
ò *profectici*, com a prouingut de voſtre doctrina puga oferiruoſla, y ab
rahò la anomeno, *profectici* pecùli, perque ſi aqueſt ſi difeneix *quaſi pu-
ſilla pecunia à Patre fi lio conceſſa, à rationibus ſegregata paternis*, de aqui
infereſc, q quant ves en copioſos volùms, oſtenràu la riqueza abun-
dant de voſtre celebrada doctrina, jo del breu pecùli, que ma capa-
citat abraça, eſtas vos preſento illimitadas lineas. Les quals no per
ſegregades dels llibres paterns han de perdrer la paterna protectio,
pus quant a critichs acreedors, me obligue ma poc eſtudioſa negli-
gencia exequutaràn, *peculio tenus*, ſino, *in ſolidum* (pera pagar de mon
curt cabal les faltas) lo extenſiu, y lo intenſiu de voſtra doctrina; lle-
gitim efecte de la idemptitat de perſonas per lo dret de la ſuitat re-
preſentada.

Vltimament (Pare y Senyor colendiſsim) a faltar tots eſtos amo-
roſos titols, la igual familiaritat, que ab lo difunt Deputat inuin-
cible continuareu, officioſament vos coaſtringex al juſt patrocini de
ſa alabança. Vos foreu de aquell Pilades lo Oreſtes, de aquell Æneas
lo Acates, y lo Eurialo de aquell Niſo. Teniuuos donchs per feliz
de auer gozat la amiſtat ditxoſa de tant Heroe. Axi com de la de Eli-
ſèo eſcriguè Ieſus Sidrach: *Beati ſunt qui te viderunt, & in amicitia tua
decorati ſunt.* Y amparau eſtos groſſers renglons per afectuòs eſtudi de
vn fill, y per gloria memorioſa de vn amich.

Eules. 58.

Fac valeas meque diligas.

TIBI.

Humiliſsim fill Franciſco Fontanella.

TIBI.

Emor supposaria en mi (Lectòr amic) lo afec-
tar disculpas, y afectacio doblada afectar lo no
afectarlas. Ignorancia mostraria en tu lo no
conexer mas faltas, y lo expressarlas malicia.
Confio ab tot, que sens dar mes disculpas a
mon atreuiment, que la gratitut que deuem
ots a mon objecte, estimaràs, mes que calumniaràs mos bor-
ons; Perque si ja a la poca edat no perdonas, menor esperarà
plauso mos progressos. Axi senzilla Font cerca lo humil del
rincipi; aduerteix lo estuendòs del precipici. O que poc
poc se originan sos christalls; O que dificil se dilata son
orrent: Mes ay que velozment se anichila son curs; Ay
que facilment sa claredat se despenya. Tal se encobre en
rofundas cauernas Arethusa. Tal se sepulta infelizment
Alpheo; Que vna, Phaeton diàfano de la selua, y altre,
caro transparent de la montanya, perden en Ecliptica de
lors, en golf de esmeraldas, los liquidos raigs, y les christali-
as alas.

Ix fora de ma professio legal aquest paper, ô per donar
najor palestra a ma empresa, ò per trobar major disculpa a
na cortedat.

Ix tart perque malalt de poca satisfactio propria, ha jagut
n lo silenci de la modestia fins ara, que amigas persuasions a
a aura popular lo exposan.

Ix al fi (o Lector) vassall a ta correctio beneuola, y rebel-
le a ta curiosa calumnia; Y si jo ab lo amor de la Patria he
umplit escriuintlo; cumple tu perdonant sas faltas ab la
obligacio de Patrici.   VALE.

LO

LO DOCTOR PAV
FONTANILLES AL
AVTOR.

DECIMA.

VOstre elegancia natiua
la primera font es ja,
que al llenguatje Cathalà
poèticas flors auiua.

Flors vostre cristall cultiua
de fructifera esperança,
ab que doctament alcança
ingeni tant remontat
pera pochs llustres de edat
sigles eterns de alabança.

ERRADAS LES MES PARTICV-
lars que han burlat la diligencia de la
correccio.

Pag. 22. *Que comença dels dos,* en la ralla 11. se troba claritas so-
lis, y ha de dir claritas Lune. 5. 4.

Pag. 24. *Que comença podia,* ralla 14. se troba veldas, y ha de dir
velas.

Pag. 31. *Que comença fins al,* en la ralla 7. al marge se troba
Exod. cap. 5. y ha de dir cap. 19.

Pag. 37. *Que comença prerumpint,* en la ralla 14. se troba Angel,
ha de dir Angels. En la ralla 15. diu qus, ha de dir qui. En la
ralla 16. diu lei ha de dir les.

En la silua en la pa. que comença tal, en la ralla 22. diu ocultas ha
de dir incultas.

Les demes faltas se dexan a la benigne correctio del Lector.

AL

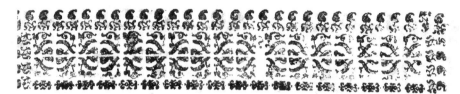

AL MOLT
ILLVSTRE DOC-
TOR PAV CLARIS,
ESTAS TRES AFECTVOSAS
inscripcions, Francisco Fontane-
lla consagra

EN Marbre breu, en molt aplauso mira
en lo que admiras vrna vencedora
esta de Claris funeràl Aurora,
esta de Cathalunya fausta pira.
Honor della immortal vidas inspira
Gegàthèa Deitàt, trompa canòra,
que immortaliza França, Espanja honora
la gloria aclama, si la enueja admira.
O Claris generós, a ta Victoria
de esquiua Nimpha ab la sagrada rama
cinyen França, y Espanya, Enueja, y Gloria.
Y com lo honer tos resplendors aclama,
la Fama es immortal per ta memoria,
la Patria es memorable per ta Fama

EIVS-

EIVSDEM AD EVNDEM,

Otu qui mœstus victricem conspicis vrnam
　　　hos compone rogos, hanc venerare piram,
Cuius fœlici connexam funere pompam
　　　Barchino clara colit, sidera læta beant.
Tollitur ætati, diuoque extollitur æuo,
　　　cedit humi Claris, posthumus extat honos
Vrbe fuit gestis, sed fama restat in orbe
　　　Aureus, & Titan Vrbis, & Orbis erit.
Vtilior Patriæ quam vitæ decidit heros
　　　maximus & armis, maximus atque toga.

AV MESME DEPVTE.

Toute ainsi comme lillustrèe flamme,
　　dē la tres-resplandente Lune claire,
de la nuict & de lombre seule dame
embellit lorizon de sa lumiere:
Claris ainsi le Cathalan reclame,
car il le dore auec lueur, premiere
Quentre lombre de guerres importune
est belle transparente & blanche Lune.
Aux antipodes lo Soleil deuale
　　& laiße alors nostre emisphere obscure,
la nuict descend auec ombre inegale
afin quici l Aurora torne pure:
sent Claris de la mort la nuict fatale
mais peu de temps sa cruaute endure
car auec splendeur les sere dore
du triste occàs, jusqua la claire Aurore.

FVNE-

IESVS MARIA FRANCISCO.

VNERAL Occident de vn Sol illuftre, tenebròs Eclypfe de vna Lluna clara, vmbrofa obfcuredat de vna radiant Eftela, fegons va- ticinaua Ioel: *Sol, & Luna obte-* Cap. 2. & 3 *nebrati funt, & Stellæ retraxèrunt fplendo- rem fuum ;* En les funerals pofthumas memo- rias de fon Deputat inuíéte llamentára funefta- ment lo Cathalà emisferi , a no venerarlo (fe- gons fes fobrehumanes virtuts) en lo Orient claredat , y refplendor de la celefte inalterable vida. Claris preclar gloriofament aclamat, Pare de la Patria, es lo Sol, Lluna, y Eftela, de la esfe- ra de Catalunya; pus a mes de tenir Eftela, y Llu- na per armas adequadas a fa generofa profapia, es Sol en lo rutilant efplendor de fes virtuts, y fes obres.

Affumpto ferà adequat a la breuedat deft Difcurs , aquella compendiofament copiofa di- uifio, proferida per lo fagrat Apoftol : *Alia eft* L. ad Corin. *claritas Solis , alia eft claritas Luna , alia eft* cap. 15. *claritas Stellarum, Stella enim, à Stella diftat*

B in

in claritate, hont apar, que ab lo nom que celebram insigne, alludeix *Claritas*, ò perque della ab vna sincopa resta *Claris*, o perque *Claritas*, y *Clarus*, ninguna tenen diferencia *aparte rei*, pus de *Claritas in abstracto*, naix *in concreto Clarus*.

Pero no es Sol, Lluna, y Estela solament, en lo nom, y prosapia, queu es tābe en los efectes de sos resplandors lluminosos.

Pus axi com lo Sol material motor del llum de la quarta esfera contral nemèo Lleo, quint signe del Zodiaco ostenta la major furia de sos ardors, lo major incendi de sos raigs: axi nostre Deputat inuencible ha ensenyat lo mes valeros de son aliento contra lo Lleo furibundo, que imaginant a Catalunya infausto ^{Petrus E-} mancipi de sas garras rugia cruel, *tanquam. Leo rugiens circuit*. Y qual lo Pastor solicit, salua alguna part de la presa del Lleo voraz: Axi de la boca del Lleo mes rugient ha llibertat nostre Heroe valeros, al poble de Catalunya (com del de Israel ho escriuia Amos) *Quomodo si eruat Pastor de ore Leonis duo crura, aut extremum auricula, sic eruentur filij Israel.*

Simboliza esta hazaña ab la de Dauid, *veniebat Leo, vel vrsus, & tollebat de medio gregis arietem,*

Petrus E-
pist.1.c.5.

Amos c. 3.

1. Reg. 17.

tem, & persequebar eos, & percutiebam, eruebamq́; de ore eorum.

Celébrala lo Ecclesiastich, *Sic Dauid à filijs Israel cum Leonibus lusit quasi cum agnis.* Eccles.c.47

Y Iob. *Rugitus Leonis, & vox Leenæ, & dentes catulorum Leonis contriti sunt.* Iob. c. 4.

Y com la Lluna, honor lluminos del primer Orbe, te domini sobre la verda oliuera, planta per la armada militia a Pallas, y per la togada a Minerua supersticiosament consagrada. Axi nostre Claris generos, venç, domina, y conculca a aquella barbara Oliuera, q̃ oprimint, mes que coronant al Español Lleo, es principi, y causa de inextinguibles guerres, de discencions inaplacables: al castich desta apar que lo portéto de paciencia amenaçaua: *Lædetur quasi vinea in primo flore botrus eius, & quasi oliua percutiens florem suum.* Iob. c. 15.

Finalment, proprietat es de les Esteles refulgents de la octaua esfera, la firmesa, per la qual se anomenan fixas, a diferencia de les set errants que ocupan sis epicicles inferiors.

Esta firmesa celebraua Iob. *Nunquid coniungere valebis micantes Estellas Pleiades, aut gyrum arcturi poteris dissipare.* La qual conué ingenuament a nostre Heroe, de qui lo curs no ha anat errãt en lo Epicicle de propries Io[illegible] vtilitats, sino seguint felizment lo curs del primer moble, ques Deu, de hont se origina tant fortunada mudança, tant feliz mouiment de nostra venturosa Prouincia.

Dest Sol donchs lo Occident, desta Lluna lo eclypse ; la obscuredad desta Estela, llagrimas ocasiona no pocas a Barcelona, affectuosas mes, que affectadas, pias no menos que amorosas. Pero sa aurora, claredat, y bellesa, alegria resuscitan ditxosa.

No llamentes donchs, o Barcelona, esta ausencia; pus Deu que te ha priuada de tal llum pera collocarlo en les mansions celestes, te illustrarà ab sa claredat diuina: *Nõ erit tibi amplius Sol ad lucendum per diem, nec splendor Lunæ illuminabit te, sed erit tibi Dominus in lucem sempiternam.* Y axi illuminan te lo Senyor, restarà sens Occident algu ton Sol, y ta Lluna sens mengua, ni mudança, ab q̃ cessaràn de ton plorar los dias: *Non occidet vltra Sol tuus, & Luna tua non minuetur, quia erit tibi Dominus in lucem sempiternam, & complebuntur dies luctus tui.* Per lo que, ò Barcelona, tos propris enemichs adoraran tas plantas, y seràs anomenada Ciutat de Deu: *Et adorabunt vestigia pedum tuorum omnes, qui detrahebant tibi, & vocabunt te Ciuitatem Domini.* Y gozarà ton

Poble

Isaiæ.c.60.

Isaiæ.c.60.

Isaiæ.c.60.

Poble la pau tranquilla; sent lo menor dell, sobre los mes forts de les nacions agenas: *Popu-* Iſa.c.60. *lus autem tuus omnes iuſti in perpetuum hæreditabunt terram; minimus erit in mille, & paruulus in gentem fortiſſimam.*

Formo vltimament, ab lo Sol, Lluna, y Eſtela vn Geroliſich, allegorich elogi a noſtre Atleta, ab eſta lletra: *Ego meis praluxi.* Perque lo Sol oſtèra lo reſplandor excels de ſas virtuts, la Lluna, y Eſtela enſenyan la nobleza illuſtre de ſa proſapia. Donchs, axi com la Lluna, y Eſteles prenen del Sol lo llum, axil donen ſas virtuts a la Lluna, y Eſtela de ſa caſa. Que a be que ſempre es eſtada generoſament preclara, ara que ha tingut lo Sol tant propici, major podrà moſtrar claredat de virtuoſos reſplandors. Y com la Lluna, y la Eſtela, a be que prengan del Sol lo llum, lo logran mes reſplendent en ſon Ocàs: Axi la Lluna, y Eſtela de eſt llinatje illuſtre, ara crexerà lo radiant de ſa nobleſa, quant negat lo Sol al Emiſferi de eſta vida, ecliptica ocupa mes feliz en la eterna, vn y altre concepte, ciñ eſt Epigrama.

Sepulta *Phebo ſa clarer diuina*
de conuexo criſtall, en pyra vndoſa,
quant flama errant, antorxa lluminoſa
obſcuredats la Lluna predomina.

Clara

Clara Estela segueix à Proserpina,
  Estela de son llum emula hermosa,
  y fixa, sino alada mariposa,
  cerca dell sos incendis examina:
Axi Claris preclar, es Sol illustre,
  sas armas son Estela, y Lluna clara,
  y son fatal Ocàs, nit importuna;
Mes ab etern inextinguible llustre
  argenta vencedor, propici ampara
  al Astre noble, y a la hermosa Lluna.

Claritas Solis. §. I.

SEpultar resplendors, pera ensenyarlos mes llustrosos, affectar Occidents, pera reuiurer glorias, curs es ordinari del Sol, lo qual cadauer extinguit al Occident; vrnas ocupa tempestiuas en lo cristall salobre, per renaxer a la Aurora mes llustrosament apacible.

A est metaphoricament, y propriament als viuents, conue la mort, pus anomena Moyses, morir al transmontar del Sol. *Cum Sol occumberet,* y mes auall, *cum ergo occubuisset Sol.*

Genes. 35.

Pero lo renaxer es comu al Sol, y als justos, als que ecclypsantse en la mortalitat no extingueixen la claredat de la gracia, pera no perdrer la Aurora de la gloria.

Per

Per lo que es lo Sol symbolo de la santedat, y sabiduria: *Homo sanctus in sapientia manet* Ecclef. 27. *ficut Sol:* Y quiçà per esta raho lo pòdera lo ma-eix Ecclesiastich tant excelsament admirable: Ecclef. 43. *Sol vas admirable, Opus excelfi, &c.*

Paga Iuan lo tribut al fatal dia, y mes al furor de vna crueltat mugeril, q̃ a la furia de vn Rey yrà rendeix la vida, cedeix ja lo Precurfor, tro- Marc. c. 6. eo cruent de vn amor importù, y facrilega li-onja de Herodias.

Ou lo barbaro iuhumà, Tetrarca de Iudea, Marc. c. 6. que gozaua de la aura vital Ioan, y a la que fora iuft que fatisfes lo pefar en llagrimas de peniten-cia, quant derramà lo furor en fanch del major dels nats, refpon incredùl: *Ioannem ego decolla-* Luca c. 9. *ui, quis eft autem ifte, de quo ego talia audio?* Y fa efta admiracio, filla de la ignorancia en quel tenian fos errors: *quem ego decollaui Ioannem,* Marc. c. 6. *hic à mortuis refurrexit:* no pot fer que vifca (refpon) perque jo he vift fa vida, fepultàda en las onas de ma indignatio feuera, yo he vift en golfos de calenta purpura, extinguit lo llum de fon vital aliento.

Ha Herodes! que mal conexes fer Ioan ardent y lluminofa antorxa: *Vos mififtis al Ioannem* *ille erat lucern ardens, & lucens,* y com à tal Ioan. c. 5.
Ioan. c. 1. emulo conftàt del Sol, vaga antorxa de la quar-

ta

ta esfera: Y axi no implica que ajes vist en las onas del mortal occident extingits sos resplendors, y veneres ara sa Oriental aurora. Perque

Eccles. 27. *Homo sanctus manet sicut Sol.* Esta es la claredat del Sol, que fenix de las esferas; mor per renaxer a apacible vida.

Pero està tāt junt en los justos la aurora sempiterna, al temporal Ocàs, que los sentiments de aquest, se anegan en la alegria de aquella.

De aqui arguian a Christo los Hebreus: Ioan. c. 8. *Dixerunt ergo Iudæi nunc cognouimus, quia demonium habes. Abraham mortuus est, & Profeta, & tu dicis, si quis sermonem meum seruauerit non gustabit mortem in æternum,* perque affirmaua Christo ser inperceptible la mort terrestre en aquells, que a vida beatifica renaxen.

Pregunta la Pedra fundamental de la Militant Iglesia a Iesus, que auia de ser del segon Ioan, del Euangelista amat. Respon Christo Iesus: axi vull que aguarde ma vinguda: *Sic eum volo* Ioan. c. 21. *manere donec veniam.* Interpreta lo Euangelista mateix estas paraulas negant que diguès lo Señor no auer de morir Ioan, sino que hauia de dilatarse a eterna inalterable vida, & *non dixit ei Iesus nõ moritur, sed sic eum volo manere donec veniam.* Com donchs inferien los dexebles que no auia de morir? *Exiuit ergo sermo*

mo inter fratres, quia difcipulus ille non mori-
tur.

Es q̃ fucceheix tant immediada en los juftos
la Aurora eterna, al occidēt temporal: y a la vida
terrena, la celefte gloria; que ohint los dexebles,
que auia de immortalizarfe Ioan, en les alegrias
del fi anegan los fentiments del medi, y oluidāt
les mortals premiffas, immortal infereixen la
confequentia.

Ni es paradoxa efta propoficio, antes es funda-
da en Philofophia comuna: Perque en aquell
primer inftant de cadauer, que anomenan los
Philofophs: *Primum effe cadaueris, y primum
non effe hominis*, bola la anima a las fupremas
manfions; Aqui entra la ingeniofament dels
Neotherichs mes infignes ventilada difputa,
fi aquell inftant es de la vida, o de la mort.
Pero a be que feguefca la mes comuna opinio,
que aquell inftāt es de la mort, extrinfec a la vida,
y intrinfec a la forma del cadauer, fuppofat pri-
mer, que axi com los punts copulan las parts en
las lineas, y los mutatos effe ajuntan les diftan-
cias en lo motu, axi los inftants fon copulas del
temps, formò efta confequentia: Donchs aquell
inftant primer de cadauer, en que bola la anima
a las moradas fuperiors, copula la vida temporal
ab la eterna. Y axi no es paradoxa, fino cōclufio

C   euident

euident affeuerar, **que en aquells que gozan la** vida de la gracia, fe ajunta repentinament, la vida occidental de la terra, ab la aurora Oriental de la gloria.

Aplica, y remata lo difcurs, aqueft Romanç, que alomenos tindra, de menos mal, lo breu.

Phenix, que animat â incendis
 mort, y viu en fi matcix,
 ab vrna, y braçol fabèo
 jau cendra, y renaix ocell;
Aguila, quel llarc marfil
 en penya inculta rompent,
 ab jouentut generofa
 bol recupèra altaner;
Serpent, que en Libica couà
 dexa la caduca pell,
 oftentantfe ab colors nouas
 iris reptil del defert:
Tropheos fon allegorichs
 del Sol, que ab ardor excels
 en lo Occident, y la Aurora,
 es Phenix, Aguila, y Serp:
Yl Sol es trofeo à Claris,
 que ab lo mortal Occident;
 en Aurora Celeftial,
 renaix à Orizont etern.

Adornen

Adornen donchs, á sas glorias
constant Palma, Cedro excels,
indice altiu del aplauso,
burla frondosa del temps.

Claritas Solis. §. II.

Aplaudida fou, entrels Militars mes insignes, opiniò de Vegecio, no poder pelear aquell que te lo Sol encontrari. Pero, que te que veurer lo Sol ab las batallas? Qual congruècia ajunta Phebo ab Marte, qual Sympatia lo apacible del resplēdor, ab lo lobrego de las armas, lo metro numeros de les Musas, ab lo remor desconcertat dels Cyclopes? Ya respon Vegecio ab la raho genuina. *Nam Sol ante faciem eripit visum.* Digueu lo Ecclesiastich: *Tripliciter Sol* Eclcef. 43. *exurens montes radios igneos exuflans, & refulgens radijs suis, obcæcat oculos;* Là causa es que mal pot acertadament regir lo acer furibundo, vista cegada del resplendor en contrari, del qual no faltaràn raigs en las sagradas Lletras.

Pelean victoriosas las banderas de Israel, fujen vençudes las incircuncisas copias dels Amorreos, atropelladas menos de las armas vēcedoras, Iosue c.10.
Isaia.c.28.
Ecclf.c.46 que de les celestials iujurias: Quant Iesus Nauè detenir procura lo resplandor del quart Plane-

C 2　　　ta,

ta, *Sol* (exclama) *contra Gabaon, ne mouearis.*

Pero que intentas Capità inuencible, fi al Sol detens en fa Eclyptica, perque done llum a tas hazañas, igual ferà comoditat a les armes enemigas, que a les proprias; pus fi illuftra lo valor intrepit deftas, illuftrarà forçofament la refiftencia porfiada de las aduerfas. Doblo lo full, y donarà Efechias la inteligencia.

Iofue c. 10

Eftaua Efechias en lo epilogo de la vida, y preludis de la mort, de la qual li intima la fentècia Ifaias: *Hac dicit Deus; præcipe domui tuæ, morieris enim tu.* Ora lo moribundo, y ab paraula del Senyor li prometé fanitat lo Profeta, aqui demanà lo Rey, que tornant atràs lo Sol déu graus, fos indice portentòs de fa falut, lo indice fcientifichde les hores: *Nec volo vt fiat, fed vt reuertatur retrorfum decem gradibus.*

4. Reg. 20.
Par. 32.
Ifaia.c.38.

Comparant ara los dos portentos del Sol, refta als Aftronomichs decidir, qual fou major: fer parar fon curs, o fer retrocedir fos caualls, menor dificultat apar *primo fronte* lo detenirlo, que obligarlo a retrocedir, pero demoftracio euident enfenya lo contrari,

Noto primer que te lo Sol dos mouiments, vn natural, ab que va fobre los Pols del Zodiaco per lo efpay annual ab fon curs propri de Ponent a Lleuant, y laltre preternatural, ab que lo
arrebata

arrebata lo primer moble, per los Pols del Mon, de Lleuant a Ponent, en vint y quatre hores. Pera fer recalcitrar al Sol, no era menester sino vn miracle, perque en eximirlo del mouiment del primer moble, ja ab impuls natiu aguera retrocedit: Pero pera detenirlo, dos miracles eran neceſſaris, lo vn eximirlo del curs del primer moble, laltre priuarlo del mouiment natural.

Suppoſats eſtos principis, qual es la cauſa que Eſechias no vol mes q̃ lleuar lo rapido curs, y Ioſue priua lo rapido, y lo natiu; ſi volia aqueſt, que ſe allargàs lo dia, pera fer mes gloriosa la victoria: dèu graus quel dilata Eſechias, termini era baſtāt pera tant altiua empresa. Pero ja trobo la raho de diſparitat en prouança del lema ſuperior.   Eſechias, q̃ ſols afecta aquell portentòs indice de ſa ſalut, no ature mes de vn mouiment, faça recalcitrar lo llum Phebèo. Pero Ioſue, no ſols ha meneſter que indique lo Sol ſa victoria, ſino que ab ſos raigs pelee contrals incircunciſos: Y axi priuantlo de vn y altre curs, lo detè al mitg de la esfera, lo atura contrals enemichs; que ſi contra Gabaon ſe detè lo Sol, ſegura eſpera Ioſue la victoria: *Nam Sol contra fa-* Eccleſ.43. *ciem eripit viſum,* y, *Sol refulgens radijs ſuis, obcæcat oculos.*

Axi

Axi noſtre Deputat illuſtre, noſtre Sol pre-
clar, ja per los paralelos de la quieta ſenectut ſe
inclinaua al Ocàs de la mort tranquilla, ja per
los graus de vna peſada malaltia, ſe ſepultaua al
Occident funebre: pero deix Ocàs, deix Occi-
dent, lo reuocaren les pregaries vniuerſals, las eſ-
clamacions comunas. Perque com Cathalunya
neceſſitaua de ſos raigs, pera cegar ab ells als ene-
michs, publicas exclamacions rompian lo eſtelat
Zafir, perque aqueſt Sol nos ſepultàs al tenebrós
Occident *Sol ſcontra Gabaon, ne mouearis.*

Not ſepultes, o Sol deſta Prouincia (deya Ca-
thalunya) no permetas no al Ocàs, ni lo llumi-
nòs de tos raigs, ni lo abraſant de tos ardors,
aquells pera illuſtrar la victoria, eſtos pera cegar
los contraris.

Eccleſ. 23. Axi exclamaua Ieſus Sydrach: *Domine Pa-
ter, & dominator vitæ meæ, ne derelinquas me
in conſilio eorum, nec ſinas, me cadere.* Nom
dexes Pare, y amparo inuicte, nom dexes en lo
conſell de aquells ques miran ys regexen per ton
valor, no permetas cayga en lo poder enemich,
que pondres en lo perill eix Sol, inſinuatio ſeria
llaſtimoſa de ma eſclauitut infauſta.

Proclamaua tambe a la pietat ſoberana, com
les dos afligidas germanas, *Domine ecce, quem*
Ioan. c. 11. *amas infirmatur.* Mirau Señor al Ocàs acciden-
tal

tal al Sol, ques essencial honor desta Prouincia.
Feren impressio en las diamantinas esferas estos
clamors. Per lo que axi animà a Cathalunya sa
clemencia, he ohit tas oracions, he vist tas lla-
grimas, y axi concedesch la salut que desitjas,
yt deslliuraré del poder enemich, y tindrè baix
ma protectio esta Ciutat pera gloria mia, y per
los merits de tos Patrons insignes: ab semblants
paraulas, a Esechias promete salut lo **Profeta:**
Audiui orationē tuam, & vidi lacrimam tuam, 4.Reg.c.20
ed & de manu Regis Assyriorum liberabo te,
& Ciuitatem hanc, & protegam vrbem hanc
propter me, & propter Dauid seruum meum.
ço es per les augustas glorias de Eularia, Madro-
na, Seuer, Pacia, Ramon, y Oleguer, Dauids de qui
os merits conseruan faustament les Catalanes
fortunas. Y axi nos ponguè lo Sol, visquè Claris
fins a auer obtinguda Catalunya gloriosament la
victoria, *steteruntque, Sol, & Luna donec vl-* Iosue c.10.
cisceretur se gens de inimicis suis.

 Finesa fou costosa, no deixar Claris la patria en
tant alterada borrasca, en tant altiua tormenta,
com pondera aquest Sonet.

  Sepulta Curtio, en la cauerna vmbrosa
   la vida noble, al patrio amor rendida,
   y de si propri intrepit homicida,
  Elisia afecta eternitat ditxosa.

          Claris

Claris femidifunt, la vida gofa,
quant la mort ab lo premi lo conuida,
y a be ques port la mort, y mar la vida,
per lo amor dela patria, al mar fe expofa.
Qual fou major actio, qual mes finefa,
lo viurer per tormenta tant violenta,
ò pendrer port, morint en tãta emprefa:
Mes ofat Claris fon amor oftenta;
pus dominaren ab feliz, firmefa,
Curcio lo port, y Claris la tormenta.

Claritas Lunæ. §. 3.

A La Lluna (fegon Iluminar en dignitat al Sol, primer en lloch als Planetas, y dels menors en magnitut a les efferas, moftra del temps, y fenyal de la duracio: *Luna in omnibus oftenfio temporis, & fignum æui*) pinta Orofco fobre vna eleuadament altiua Piramide, cenyida de llorers, y palmas, plantas negadas a la mortalitat, y deftinadas, a las eternas memorias: Pintala Alciato burlant les furies del detractador Cerbero: Pero ni perfona, ni altre pintura, tãta lo gra celebre aclamacio eft Planeta, com per fer lo infigne, noble lo efcut hõrós, dela cafa generofa de Claris, reftãt per Olimpiadas immortals la Lluna, inclyt feñal de fa noble fanch, y geroglific excels de fes virtuts heroicas.

Refplendir

Ecclef. 43.
En la 1. emble;
Alciat. emblem. de ina wi impetu.

Resplendir sens contrarietat de sombras, lluir sens pelea de obscuredats, ni es resplēdir, ni lluir. Pero en les nocturnes tenebres passar mostra de resplandors; en les turbulencias obscuras , mes Ilustrosos enseñar los raigs , proprietat es de la Lluna, quant de sombras mes funestas oppugnada, tant mes hermosa.

Aquell ardent obelisch de centellas , aquella errant Piramide de sombras, columna vaga que alternant lo foc, y lo nuuol guiaua al Poble, Israelita; serà desempenyo de aquest proposi. Surca Moyses lo pelag dilatat , lo golf desagradable de vn desert (port feliz tras la tormenta de la esclauitut Egypcia.) Prospera impelleix sa nauegacio terrestre , o lo Zefiro de la esperança de la terra de Promissio (si be no era vent esta esperança, perque nos fundaua en humanas promesas) o lo Boreas del temor de Pharaho , que podia penedirse de veurerlo apartar indemne. (Ques propria condicio de la enueja ceuar lo odi en la fortuna, y quietut agena.) A les hores donchs, que entre la esperança, y lo temor vacillants marxan les Circuncisas esquadras, los preceeix lo Senyor, ensenyantlos lo cami (mal poden errar lo de la virtud ab tant soberana ensenyança) *Dominus autem præcedebat eos, ad ostendendam viam per diem in columna nubis,*

D   per

Exod. 13.
Exod. 14.
Sap. 18.

per noctem in columna ignis. Columna de nu-
uols es nort obscur, que guia al Poble , en mig
del resplendor del dia , columna de foc es patje
de atxa, que enuia lo Senyor, perque en lo obs-
cur de les sombras en lo vmbròs de les obscure-
dats los dirije.

Pero apar dificilment ordenat lo orde de estas
columnas, no era mes propria del dia la columna
resplandent ? no era mes propria de la nit la
columna opaca, com a senyal de sombra, y obscu-
redat ? Ya apar respon a la tacita objectio, Nico-
lao de Lyra, que vna mateixa columna per la di-
ferencia de la nit, y del dia obraua diferents efe-
ctes, nuuol diurn, y foc, y resplendor entre les no-
cturnas sombras: *Eadem* (diu) *fuit columna, qua*
obumbrabat per diem , & illuminabat per no-
ctem. De hont pren llum lo proposat dillemna.
Perque en la tranquilitat del dia en la serenitat
del ayre , en lo radiant dels resplendors , diu lo
Test sagrat nuuol obscur a la columna mateixa,
quentre la obscuredat de la nit , foc la anomena
lucido , y incendi la denota refulgent ; causant
esta diferencia , no diuersitat alguna en las co-
lumnas, contrarietat sí entre la nit, y lo dia, perque
resplendir en las serenitats no es resplandir, que
sols ho es, lo ensenyar entre las tenebres, la cla-
redat, ni fora tant estimada la del Sol a faltarli la
batalla

batalla continua, ja ab los dos crepufculs, ja ab los nuuols vmbrofos de la primera regio del ayre.

Tal noftre Deputat illuftre, a be que fempre fou guia defta Prouincia, ja en la ferenitat de la politica pau, ja en los camins tempeftuofos de la guerra, *vt dux effet itineris vtroq́ tempore*, ab tot, antes encubria lo ardent de fon valor al ētat, en lo nuuol humil de fa pacifica modeftia; Pero defpres que la nit de tanr furiofa guerra inundà feueramenr noftre Emisferi, columna fe ha moftrat de foc a las fombras, columna de valor a las guerras, y Lluna generofa, que ha argentat ab lo efplendor de fas victories la nit obfcura de les Catalanas turbulencias. Efta es la claredat de la Lluna, y claredat tant diuina, que ni la nit de la mort ha de obfcurir los candidos raigs de fa fama, ni lo filenci del oluit, lo immortal de fes memorias.

Corona deft penfament, es Sant Gregori: *In igne terror* (diu) *in nube vifionis, leue blandimentum*, fuau es protectio lo nuuol (diu lo Sant ingeniofament interpretant efta columna del Exodo) terror es abrafant lo foc: Digam donchs que fi en noftre Heroe trobam repetit lo foc, y lo nuuol, es nuuol de protectio fuau a las Catalanas armas, y foc de pauorós terror a les furies

D 2   enemigas;

Exod. 13.

lib. 24. moral.

enemigas;nutol en abraçar los seus, foc en abrasar los contraris.

No es improprietat finalment, anomenar columna a aquell, que Atlant mes animòs ha sustentat, en lo Marcial, y en lo Politic, lo pes immès de vn Poble alterat, y de vna inquieta Republica. Columna que ha sustentat en sa reputacio quantas Iglesias han ignorat la furia Castellana, Columna era donchs de bronzo infatigablemēt constant, y sonorament duradora, semblant à las del Temple, que inscribia al Rey de Reys, lo Rey pacific, *& finxit duas columnas areas* Aqui he reparat en los capitells que coronauan lo cap a estas columnas, los quals diu lo Test sagrat, eran fabricats en forma de lliris, *capitella autem, que erant super capita columnarum quasi opera lilij fabricata.* Pero si estas columnas del Temple de Deu, significan los vencedors triunfants de les terrenas sombras, com diu la Aguila de Pathmos: *Qui vicerit faciam eum columnam in Templo Dei mei*, no era mes propri coronarlos de llorers que de lliris, no, que si aquells denotan victorias, estos la puresa casta de vn pit candido.

O quant be a nostre Heroe se acomoda la corona generosa destas flors heroycas; O ja perque tants lliris lo adornan quantas Francesas aclamacions fan immortal sa memoria; O ja perque per

los

3. Reg. 7.

3. Reg. 7.

Apoc. c.3.

los lliris se representa la castedat, la qual consa-
grauan los Gentils á la Lluña, venerátla per Dia-
na caçadora de les seluas. Coronen donchs les
castes flors a nostra Columna constant, a nostre
Deputat inuicte, pus a mes de auer donat exem-
ple de castedat en sos virtuosos costums, es Llu-
na generosa, y sens mudança al Cathala Emisfe-
ri, y Lluna q̃ en les mes obscuras sombras, en les
mes vmbrosas obscuredats ha ostentat sos raigs,
ha ensenyat sos resplendors. Com a Hercules,
y Atlant, columnes de la Esfera, lo celebra la bre-
uedat destos versos.

Columna Atlant Gegantea
al pes caduca excessiu,
de quants esfera immortal
volubles contè safirs;
Descansa Atlant, perque Alcides
la maquina eterna rig,
y sobre la pell nemèa
poc es trofeo, lo Olimp.
Ya caducament Alcides
no pot al pes resistir,
flexible doblal treball,
al mes indomable pit,
Y axi Claris generòs,
nostra esfera mantenint,

dels

dels dos decrepits Gegants
heredal pes successiu:
Claris columna constant,
Columna de bronzo; a qui,
O per la casta pureza
candido honor de son pit,
O per lo Francès aplauso
en son Occident feliz,
sobrels llarers victoriosos
corona de lliris ciñ.

luna.

Claritas Solis. §. III J.

NO es resplendir lo resplendir fora de la tribulacio, y axi la misericotdia Diuina en ella se ensenya resplendent: *Speciosa misericordia* *Dei in tempore tribulationis.* Blasò de la Lluna resplendir en les mes alteradas turbulencias.

Eccles. 35.

En Ananias, Misael, y Asarias, exemplifica lo soberà Crisosthomo, esta inclyta misericordia: *Nec pueros eripuit à principio, sed postquam* *coniecti fuerunt in fornacem,* no deslliura lo Senyor als tres Circuncisos al principi, sino quant ja estauan en lo mes abrasant del forn, en lo mes voraz de les flamas. Perque volent Deu quentre Idolatras tant peruersos, especiosa resplendis sa misericordia, aguarda a ostentarla en lo temps de la tribulacio.

Daniel. c. 3.

Alça

Alça Abraham lo obedient acer, y entre la amenaça, y lo effecte, esperit asura alat la exequucio veloz, a la ma piadosament rigurosa: Pero com aguarda lo Angel tant apretat termini, quant ja retirada en lo cor de la rendida victima, la liquida grana de les venas, aguarda a cada instant lo vltim de sa soltura. No es altra cosa que voler Deu quen la nit de la tribulacio resplandesca la humana obediēcia, y la diuina misericordia. Genes. 22.

Porta al suplici, a Susana la concupicencia de dos Mentals adulteros, y a Daniel, la tyrania de vn Poble Idolatra; Com permeteu Senyor dos innocents en tanta pena, ja a Susanna segueix rigida la turba, perque rusticas pedras sian instruments penosos de sa mort, y pyras afrontosas de sa infamia, ja baxan a Daniel barbaros Ministres a las feras, animats sepulchres a tant delinquent cadauer; mes no·ls oluida, no la misericordia soberana, diuho lo mateix Profeta; *Recordatus est enim mei Deus, & non derelinquisti diligentes te,* no·ls oluida no, sino que la claredat de la diuina misericordia affecta per resplandir, la nit de la tribulacio turbulenta. Daniel. 13.
Daniel. 14. Daniel. 14.

Peruentura Christo, que a vn cego de natiuitat auia donat serena vista, no podia dilatar lo fatal dia a Llatzer? *Non poterat hic, qui aperuit occulos caci nati facere, vt hic non moreretur?* Be podia Ioan. c. 11.

podia axiu regonegue la Magdalena: *Domine si* Ioan.c. 11. *fuisses hic, non esset mortuus frater meus* ; pero ab tot volgue ab la tribulacio de la mort clarifi- car sa piadosa clemencia.

Ab major efficacia robora mon intent, la Marc. c.6. barca fluctuant del mar de Bethania. Dexa Chris- to als Dexebles, y ells en lo mar tempestuos se embarcan, (dexantlos Christo, mal podia faltar- los la tormenta) restas ell per orar sol en la mon- tanya, (si es soledat, la soledat, hont la oracio es amable compañia) cobre la nit, ab sas lobregas alas lo emisferi, discorre la nau en lo mitx del pelag procelos, aplican los dexebles als rems, la força a las veldas la industria; opposafels lo vent en contrari, (pero que han de tenir fauorable, auentlos deixat son Mestre) lo qual a la quarta vigilia de la nit, per lo alterat de las onas camina pera ajudarlos, sustentanlo ellas, gosozas de ado- rar tant soberanas plantas: Phantasma lo imagi- nan los Dexebles, (que es tant desagraida nostra naturaleza, que anticipa la ingratitut al benefici) Cridan, a be que turbats los naufragos) ques llen- gua la necessitat mateixa pera solicitar lo socor- ro) Entra al fi Christo en la nau, serenanse los ay- res, tornas tranquillo lo mar, y restan sossegats los vents. Pero si en entrar Christo en ella, auia de ces- sar la borrasca, perque dilata tant lo ajudar als afli- gits,

gits, que se acerca a ells quant endolauan lo orisont, las nocturnas obscuredats, *& cum sero esset. Et circa quartam vigiliam noctis,* y quāt la nau, estaua ya en lo mitg del mar, *erat nauis in medio mari,* peruentura dormia la pietat diuina, com en altre nau, y altre tempestat, *& erat ipse in puppi super seruical dormiens,* quant timidos lo increpauan los naufragos, *Magister non ad te pertinet quia perimus?* hont lo tardar, lo socorro, mes illustrà sos resplādors, perque admirats diguessē los dexebles, *quis putas est iste, quia & ventus, & mare obediunt ei.*

Marc .c.4.

Pero no era mes facil socorrerlos, quant nauegant mes prop de la tranquilla ribera la barca no tant infastada de las onas; era menos dificil lo remey? no era mes facil lo ajudarlos, antes, que ab las tenebres de la nit, se tornàs mes turbulenta la tempestat? Mes facil erà: pero menos resplandent actió, elegantment ho escrigué sant Cirillo, *opere pretium* (diu) *est obseruare, non statim, neque in principio periculorum : sed quando iam longè à terra remigauerāt, Christum dicipulis aparuisse: non enim incipiētibus aduersis gratia Christi confestim nos saluat; sed post quam terror increuerit.* Lo mar, y la nit simbolo son de la tribulacio, y axi no ajuda Christo als dexebles, fins quels veu en lo medi tempestuos del

E   mar,

mar, y en la obscuredat tenebrosa de la nit.

Propriament tambe apar, que a nostre Deputat illustre competeix honrosament, subjectar en la nit, les sombras, en la mar, les tormentas, puix la Lluna, segons opinio dels Astronomichs, domini te natural, sobrel districte de neptuno, de hont inferexen ells, los fluxos, y refluxos del oceano: Imperi li adjudican tambe, sobre les vagas tenebres, y tremulos resplendors de la nit: Cō ja en lo Gen. c. 1. Genesi escrigue Moyses, *luminare minus vt præset nocti,* y axi no es molt si vencia Claris, com a Lluna generosa; de les publicas inquietuts les sombras, y les onas; la obscuredat, y la tormenta. Vencedor lo regonexen estas dos estanças.

De Eolo romp lo vent, cauerna dura,
los raigs sepulta lo farol phebèo,
Neptuno altera turbulencia obscura,
las onas desenfrena irat Nerèo:
Anphitrite, la espuma argenta impura,
alteras Glauco, y se entorpeix Prothèo:
mes quāt llustros Sātelm, sos raigs ostēta
callan los vents, y cessa la tormenta.

Sent axi Cathalunya victoriosa
cruel furor, y colera inhumana,
de vn Rey injust, tormenta procelosa,
de vna natiò superba, enueja insana

quant

quant nostre Deputat, llum portentosa
venç de tants enemichs furia tirana.
Y en la tormenta cega, y importuna
Santelm es vencedor, sa clara Lluna.

Claritas Lunæ. §. V.

QVI ha vist las borrascas, qui se ha trobat en las turbulencias de Cathalunya, alabarà tã-be la Lluna resplandent; que dominant la nit, y lo mar, es estada aurora, y Santelm, de resplãdor, y b onança. Dexo apart sacrilegamẽt repetits incendis, execrables, de las sagradas especies, de las quals adustos los carbons, han funestament ennegrit la fama, de nacio estimada per Christiana, semblant al que escriuia Ieremias, *denigrata est super carbones facies eius*, no perque ocupant ells, lo primer lloch al dolor, no sian la causa final a las Catalanas venjanças, sino que a ponderacio de tant delicte, a descripcio de tant infando furor, faltal sperit a mon ingeni, y la sufficien cia a ma grossera ploma, destrempada mes al doloros afecte, que trempada a la eloquent enargia. Ni voldria tãpoch, repetidament ofendrer, las Christianas orellas, ab estas llamẽtables sempre mes, que llamentadas memorias. Sols en las fortunas, continuadament succesiuas, los effectes põdero des-

Trenorũ 4

E 2   dichats

dichats en los principis, si al vltim ceñits de me-
moriosas victorias.

Cōjurada Tortosa, Romput coll de Balaguer,
Engañat Cambrils, Mal obseruats los pactes als rē-
dits, Ben adulats los furors als superiors, Violada
la fe militar, Fets escarment immerit los mes ge-
nerosos varons, Entregada Tarragona, Apartat lo
exercit auxiliar, Cortat, y prudentment retirat
lo de Martorell, Y al fi arribats los enemichs a las
sempre vencedoras murallas de la inclyta Barce-
lona, Que eran sino tormentas de dolor? Que erā
sino tenebras de sentiments? als mes alentats pa-
tricis? als Catalans mes intrepits? a no tenir tal
Lluna resplandent a no venerar tal Deputat in-
uicle, que illustràs la nit, y lo mar, las sombras, y
las tormentas, Exclamauan los Catalans, al Au-
tor de la vida; si vos senyor Pau prometeu feliz a
vostre poble, com arriba ya la espasa de la guerra
fins al interior desta Prouincia, fins a lanima dest
Hier.e.c.4. Principat? *Heù heù heù Domine Deus, ergo ne
decepisti populum istum, dicens pax erit vobis,
& ecce peruenit gladius vsque ad animam.*

Com nons ajudaua lo Senyor antes que inua-
dissen enemigas barbaritats, nostres terminis, cō
al primer impetu, de la inhumana injusticia, no
ostentaua sos raigs la diuina misericordia. Es que
*Speciosa misericordia Dei in, tempore tribula-
tionis;*

tionis; Quant es Daniel en lo Amphitheatro dels
Lleons, Susanna, en lo cami del Supplici, Isach,
en la ara del holocausto, Azarias, en lo forn de
Babilonia, Llatzar Quatriduà, en la sepultura, La
barca dels dexebles en lo mitg del mar, Lo temps
en la vigilia de la nit, y Cathalunya en la mayor
escuredat, a las horas *venit Iesus deambulando*
super mare, a las horas ve Iesus, y encara ve ab
repos, *deambulando*, que aqui totas obeheixen
vniuersalment las criaturas, ninguna a de affec-
tar diligencia, per llibertarnos del mayor perill.

Quant amenaçauan nostras murallas, ò la su-
perbia, ò la ambicio, ò la enueja, ò totas jun-
tas;a las horas gloriosament se ensenya la sacra
misericordia. No entrarà lo enemich en esta Ciu-
tat (diguè la pietat soberana) no llançarà dintre
della ses fletxas, nol occuparà ab sos escuts, ni la
tenyira ab son exercit, ans be per lo cami que es
vingut sen tornarà sens inuadir la Ciutat : *Non* Isaias.c.37
intrabit Ciuitatem hanc, & non iaciet ibi sa-
gittam, & non occupabit eam clipeus, & non
mittet in circuitu eius agerem;in via, qua ve-
nit per eam reuertetur, & Ciuitatem hanc non Isaias.c.37
ingredietur.

Fins aqui arribaràs, ò superbia Castellana, y
aqui rompràs las onas tumulentas de ta ambicio
furiosa, *vsque huc venies, & non procedes am-* Iob.c.38.
plius,

plius , & hic confringes tumentes fluctus tuos.
Perque no entengueres no, las propheticas ame-
Exod.c.19 naças de Moyses, *Cauete ne ascedatis, in montē,*
nec tangatis fines illius; omnis, qui tetigerit mō-
tem morte morietur. No pujeu, ò Lleons de Es-
paña a eix eminent promontori, arbitre entroni-
zat del mar balear, y de la regio Laletana. No en-
tres en sos llimits (ò Castellà furor) no violes
sos terminis , que a la lisonja de tos superiors, sa-
crificaràs infaustament moltas vidas , *morte mo-*
rietur, moriràs morint, a differencia dels que de-
fençant exa montanya , morint viuen , y viuran
eternament. La mateixa amenaça repeteix lo Se-
Deuter.c.1 nyor en lo Deuteronomi. *Cum instructi armis*
pergeritis in montem nolite ascendere neq; pug-
netis non enim sum vobiscum, nè cadatis coram
Num. 14. *inimicis vestris,* y en los numeros. *Cur inquit*
transgredimini verbum domini , quod vobis non
cedet in prosperum. Nolité ascendere, non enim
est Dominus vobiscum, ne cadatis coram inimi-
cis vestris. Vestra cadauera (diu poch antes)
iacebunt in solitudine, y despres, *& scietis ul-*
cionem meam , quoniam sicut loqutus sum , ita
faciam multitudini huic pessima , qua consur-
rexit aduersum me. In solitudine hac deficiet, &
morietur.

Cegos de furor ab tot pujaren los enemichs,
fins

fins al mès alt de noftra montanya vencedora, *at* Num. 14.
illi contenebrati afcenderunt in verticem mon-
tis, fora aquells, en los qualsfe verificà, lo del Deu- Deut. c. 5.
teronomi, *timuiftis enim ignem, & non afcen-*
diftis in montem , y axi a les horas en lo noftre
major. perill, en la noftra mes apretada turbulen-
cia, baxà lo Senyor a defençarla ab foch. *Totus* Exod. c. 5.
autem mons fumabat, eo quod decendiffet domi-
nus Deus fuper eum in igne , & afcenderet fu-
mus, ex eo, quafi de fornace , eratq; omnis mons
terribiLis.

Terrible fe oftentaua la montanya , pero que
molt fi lo Senyor mateix ab noftres Sants Cata-
lans, gloriofos tutelars, y protectors, era baxat a
defenfarla.

Digas donchs, o Cathalunya a la Mageftat fo-
perana, tu propri Senyor has prefa la venjança
de tos agrauis, la virtut de ton bras, ha efpargit Pfal. 88.
os fuberbos enemichs teus, y noftres, *tu humi-* Exod. 15.
ltafti, ficut vulneratum fuperbū, in brachio vir-
tutis tua difperfifti inimicos tuos, dextera tua
domine percufsit inimicum, & in multitudine
gloria tua, depofuifti aduerfarios tuos. Perque
deya lo enemich, perfeguirè als Catalans, capti-
uarè lo poble, diuidirè las defpullas, defembay-
narè la efpafa, pera embaynarla en las enemigas Exod. 15.
copias, *dixit inimicus perfequar , & compre-*
hendam,

hendam, diuidam spolia, implebitur animâ mea, euaginabo gladium meum. interficiet eos manus mea, pero las altas esperanças, se han negat en lo

Exod.c.15

mar de sa barbara purpura, submersi sunt quasi plumbum in aquis vehementibus. Cumplint Se-

Psal.88.

nyor vostre clemencia en esta Prouincia , lo que prometereu de Dauid, nihil proficiet inimicus in eo, & filius iniquitatis non apponet nocere ei, concidam à facie ipsius inimicos eius, & odiêtes eû in fugam conuertâ. Perq̃ no temé la enemiga nacio, ni sa injusticia, ni vostres amenaças, ans be intumida ab la superbia pujà a passar comtes de sas culpas en lo laureat Montjuich, loquutus sum, & nõ audistis, sed aduersantes imperio domini, & tumentes superbia, ascendistis in mon-

Dani.c. 9.

tem. Y com esclamaua antes Cathalunya, auertatur obsecro ira tua, & furor tuus à ciuitate tua, & à monte sancto tuo. Axi ara restarà inclita-

Zacar.c.8.

ment celebre; tant Barcelona, quant sa vencedora montanya anomenâtla las nacions, ciuitas veritatis, & mons Domini exercituum. Be podia la Magestat soberana desbaratar los enemichs, al primer impetu de sas empresas; pero volguè que en la tormenta del perill, en la nit de la tribulacio resplandis la Lluna clara de nostre Deputat inuicte. Aqui pera fi gustos de tãt serio discurs he escrit a Montjuich estos jocosos versos.

Torre

Torre excelsa, alta atalaya,
   qual fortuna, qual succes
   estampan lletras de plom
   al paper de tes parets.
Qui ha compost axi les fullas
   de ton volum eminent,
   que las rubricas cruentas,
   colora de hamor ences.
Qui te ha embellida de almangra
   sobre tos adornos verts,
   si sent victors a tes glorias
   no te ha pintada lo temps.
Vsana estàs, desdel dia,
   que exhalares en temps breu,
   mes flammas, que sobre Troya,
   veren centellas los Grechs.
Ya per dir si lo enemich
   surca lo salat trident,
   no tindràs llenguas de drap
   pus de foc las bocas tens.
Ya varonil te ets tornada,
   dexant lo llengùt estrem,
   que si guardaues pedreras,
   ara te han guardat pedrers.
Pero no presumas tant,
   que a be quet cinya llorer;
   si ets decana de les torres,

ets nouicia dels Castells.
Ab tot be pots presumir,
  que si alabant a vn valent
  diem que te vn home al cos,
  prou homens tens en lo teu.
Presumir pots, pus la fama
  ta immortalitat ha empres,
  y ab la sal del mar te ciñ,
  perque not corrompal temps.

Claritas Stellarum. §. VI.

Quantas lineas Radiants rubrica ab dorats caracters, lo volum de zafir de la octaua esfera (volum, hont de opinio dels Astronomichs llegirse poden los futurs successos.) Quanta brillant milicia, armada de respladors guarneix las trinxeras de diamāt, pera gloria especiosa del firmamēt. *Vas castrorum in exelsis, in firmamento cœli resplendens gloriosé, species cœli gloria Stelarum.* Gerolific son, de la claredat de nostre Heroe; com armas tambe de sa generosa prosapia, perque en estas fixas estelas se allegorizan, los que a la comuna defensa de la patria pospofan la quietut, vida, y commoditat personal. Prouau, la capitana valerosa de les irraelitas esquadras.

Espira a la furia exequutiua, de la varonil Ioel.

Lo

Eccles. c.
43.

Iud. c. 4. &
5.

Lo enemich dels Iſraelitas Siſara, eſcapat de la in-
clyta Debora, y del ſtrenuo Barach, los quals auiã
alcáçada la victoria. Cátanla eſtos vencedors cõ-
uidant per la aclamacio mageſtoſa, als que pera
alcançarla, ni auian temut los perills, ni auian reu-
ſat les dificultats, *qui ſponte obtuliſtis de Iſrael
animas veſtras ad periculum, benedicite Domi-
no.*

Refereix mes auant la laureada Debora, que
les matexas fixas eſteles del cerùleo pauiment a-
uien peleat contra Siſara, *ſtella manentes in or-
dine, & curſu ſuo contra Siſaram pugnauerũt,*
y ab juſta raho, que aquells que en defenſa de la
Patria, inclitament contra ſos enemichs pelearen,
Eſtelas ſon, y tãt fixas, que ni commoditats, ni vti-
litats alteran en ells la innata firmeza, ni la nati-
ua conſtancia. O quant be a noſtre Heroe li cõ-
ué lo nom de Eſtela, conſtantment refulgent, y
fixament lluminoſa. Y no ſols vnica Eſtela, però
tantas ſeran orla a ſon eſcut, quantas ſon gloria
eſpecioſa del firmament, *ſpecies cœli gloria ſtel-
larum.*

Lo numero deſtas, cõfuſament entrels Aſtro-
nomichs altercàt fluctùa: Ab tot que a 1022. Gen.15.
las redueix la opinio mes comuna: Pero eſta ſols
preſcriu les mes principals, que ſegons la prome-
ſa de Deu a Abraham, *numera ſtellas ſi potes,*

F 2   y ſey segons Hieremias, *sicut numerari non possunt stellæ cœli*, sols està patent lo numero, y lo nom de totes a la increada sabiduria, *qui numerat multitudinem stellarum, & omnibus eis nomina vocans.*

Psal. 146.

Adornen donchs a nostre Deputat inuicte lo innumerable destos brillants resplandors, en senyal de ses virtuts innumerables.

Ni es fer transit de les esteles a les virtuts pus aquestas estan simbolizadas en aquellas, sentencia de Nicolao de Lira, *per Solem misericordia, per Lunã Iusticia, per Stellas vero catera virtutes significantur.*

Sup. Gen. c. 1.

Tingueren entrels alumnos de la gentilitat superticiosa tal veneració los Astres, que vns los difinien, diuinitats informadas en materia de foc; y altres erroneos illucinats de la platonica escola los descriuian, substancias corporeas, viuents, y sentients beatificas. Y comunament los Gentils idolatras los adorararen, *qui adorant superiecta militiam cœli* (diu Sophonias,) *& adorent eos Solem, & Lunam, & omnem militiam cœli* diu lo Deuteron.

Cic. li. 2. de nat. deorũ Sence. li. 7. nat. quæst. August. li. 10. de Ci ui. Dei c. 29. Sophon. c. 1 Deut. c. 17. Act. 7. 4. Reg. c. 17

Vna y altre opinio impugna cõtra fausto Maniqueo, lo fenix de Africa. Pero a be que negue a estas lo animat, y lo diui, afirma significarse moralmẽt per ellas la naturaleza Angelica,

pre-

prerumpint en estas paraules, *quomodo Stellæ om-*
nes, id est intelligentiæ spirituales in huius vitæ
obscuritate tanquam in nocte fulgeant.

Augusti de
Gene. eM a
nich. lib. 1.
c.15.

Valida confirmacio a esta sentencia de sant
Agusti, inferesc de la Aguila dels Euangelistas
generosa, aqui admiracio fou pauorosa vn res-
plendent retrato del Fill del home: Iluminos en
la cara com lo Sol, ardent en los vlls cō las flamas,
impedit en la boca de vna espasa de dos fils, y co-
ronat en la dreta de set Esteles, sols pondero la ex-
plicacio delles: *Septem stellæ* (diu lo mateix amat
dexeble) *Angeli sunt septem Ecclesiarū, & can-*
delabra septem, septē Ecclesia sunt. Hōt no sols
significan les Esteles Angels; pero encara Angel
de Guarda, pias beneuolas intelligencias, de qus
a sagrada protectio, defensa es valerosa de lei
set Iglesies.

Apoc. c. 1.

Apoc. c. 1.

La Estela donchs, quen lo escut de nostre Cla-
ris resplendeix, no es sols timbre de sa nobleza, si-
no tambe ensenyança clara de sa virtut, y proto-
tipo resplandent de son patrocini. Pus quant ab
tant menyspreu de la Ortodoxa Christiãdat, impia
ment tyrana Nacio, profanaua las sempre cul-
tas Cathalanes Iglesies: A les hores Claris gene-
ros, fulgorosa se ha ensenyat Estela, Astre radiant,
de tantas adornat virtuts, quátas argentan lo vuy-
te orbe, y hu dels Angels defensors de les Iglesies.
Que

Quen augusta defensa de la nostra: victoriosa ha regit la espasa de dos fils, tant per las domesticas turbulencias, quant per las hostilitats Castellanas. Celebranlo Estela aquestas liras.

Ya sepultarse intenta
    difunt lo dia en la campanya vndosa,
    ya de la nit ostenta,
    crepuscul cego, ambiguedat duptosa:
    y estela vespertina
    ix quant lo sol al Occident se inclina.

Ya los ocells fan salua
    als llustrosos prenuncis de la aurora,
    jals rosiclers de la alua
    Pomona espera, solicita Flora:
    y la mateixa Estela
    ix quant lo Sol per lo orizont anhèla.

Axi vna estela culta
    dora festiua esta prosapia clara,
    ja quant Claris sepulta
    en lo occident fatal, flama preclara,
    ja quant ab gloria vfana
    goza en nou orizont, llum soberana.

Estela tens benigna
    en est Sol (Cathalunya) y lluna illustre,
    y axi ab victoria digna
    venera son ardor, honra son llustre,

ya

y a mes glorias anhela,
  pus quen lo cel tens tant feliz estela.

Claritas Stellarum. Stella enim a Stella dis-
  tat in claritate.

§. VII.

Voranta vuyt constellacions, ò asterismes comta en la octaua esfera, la acertadament curiosa, escola dels Astronomichs, si yguals en lo lloch celeste que ocupan, desiguals en la estelada claredat ab que resplendeixen. En algunas destes constellacions se ensenya la diferencia de claredat ab lo nom, en altres ab lo numero dels astres que las adornan, y en altres ab la diferēcia en la magnitut de cada Estela.

Lo nom ostenta la distancia, entre *Ursa maior*, y *Ursa minor* Elicen, y Cinosura perals Poetas, y entre *Canis major*, y Procyon, ò *Canis minor*.

En lo numero de las Estelas, se ostenta tambe sa desigualtat; Al coper de Iupiter Ganimedes, o Aquario penultim Signe del Zodiaco 42. estelas lo adornan: Pero a la fletxa de Alcides, sinc Astres solament la illustran.

Vltimament totes les fixes Estelas de la octaua esfera sens las nebulosas, y mes obscuras, se cin-
yen

yen en sis classes, ò magnituts, les quals diuide-
xen entre ellas la claredat, y resplandor.

A esta vltima diferencia en la claredat de Este-
la a Estela alludia elegantment lo Apostol, quant
proferi, *stella autem a Stella, difert in claritate*
Y alguns visos della apar que ostenta en lo Ge-
nesi, lo Llegislador Profeta. Miraua Ioseph en-
tre les vagas sombras del luculent Morpheo, en
somni jocundo, mes que pesat al Sol, y a la Lluna,
Gen.c.37. y onze Estelas quel adorauan, *vidi per somnium*
quasi Solem, & Lunam, & vndecim Stellas ado-
rare me. Interpretà Iacob Israel son Pare, la sig-
nificacio del somni, proferint que per les onze
Estelas, sos onze germans se demostrauan desti-
nats a subjectarse a las plantas del vltim que era
Ioseph, *num ego, & Mater tua, & Fratres tui*
adorabimus, te super terram. Enuejauē los ger-
mans la vaticinada superioritat, *innidebant ei,*
enuejauan lo auer de venerar major, al que en lli-
natje ygual, y inferior en edat concicerauan, *nũ-*
quid rex noster eris, aut subjiciemur ditioni tua,
que sempre naix de glorias agenas, la mes mali-
ciosa enueja, la mes enuejosa malicia, *hac ergo*
causa somniorum atque sermonum inuidia, &
odij fomitem ministrauit, la enueja, y lo odi se
originan comunas fonts de la mes inhumana ne-
quicia: sempre tant conjunctamet confederades,

que

que la enueja sens lo odi no es enueja, ques tal ve-
gada despertador a la imitacio, y lo odi sens la
enueja no es odi, ques tal vegada inexcusable
inpuls contra injusticias, y furors.

Pero he reparat en que no apar tant mal fun-
dada la queixa dels onze germans; perque es in-
clyta alabança de la felizment propagada posteritat
de Iacob significarla per Estela, *egredietur Stel-
la Iacob*, donchs a be que esta alabança de Estela
de Iacob conuingues a Ioseph, encara aparexia
restar ygual a sos germans, tambe representats per
Estelas, *vidi undecim Stellas*. Qual donchs es la
raho de disparitat, perque sent tots los germans
Astres, volguè la Magestat soberana, que los on-
ze venerassen al vltim.

Pero si Iacob es lo Sol de la visiò de Ioseph,
ell nos traurà de la nit de la dificultat, hont brillà
estas Estelas.

Nasqueren de vn part Iacob, y Esaù: a be que
aquest en primer lloch, *qui primus egressus est* Genes. 25.
*rufus erat, & totus in morem pellis hispidus, vo-
catumque est nomen eius Esaù*, pero ab tot ser-
uint vn poble al altre, lo menor sobrepujà al ma-
jor, *populusque populum superabit, & major
seruiet minori*. Qual es la causa desta soberania?
Qual la raho desta disparitat en dos germans? No
es altre que la claredat de las virtuts: era Iacob just

G   virtuos

virtuos, y volgut de Deu;que molt que ſobrepu-
Malaq.c.1 jàs a Eſaù;paraules ſon de Malachias, *non-ne fra-*
ter erat Eſaù Iacob,dicit Dominus,& dilexi Ia-
cob, Eſaù autem odio habui, perque diguè Moy-
Gen. 25. ſes *Iacob autem vir ſimplex habitabat in taber-*
naculis.

    Eſta matexà diſparitat. Eſta propria diferencia
en los coſtums,concorre entre Ioſeph , y ſos Ger-
Geneſ. 35. mans:ſols a Ioſeph entre ells auia donat Iſrael la
polimita túnica, càndido reſplendor de ſa pureſa
perque era dels Germans lo mes juſt , que auia en
las tormentas de la vida conſeruats integrament
los nitidos raigs de las virtuts,penſament de Sant
Greg. hom.
25. in E.
uang. Gregori, *quia Ioſeph inter fratres vſque ad finẽ*
vitæ juſtus perſeueraſſe deſcribitur:ſolus talarẽ
tunicam habuiſſe perhibetur. Adoren donchs aIo-
ſeph tots ſos Germans,que a be que vns , y altres
eran eſtelas,de eſtela a eſtela ſe troba diferencia de
claredat en la virtut,*Stella enim a Stella diſtat in*
claritate.

    Moltas cõſtellacions donchs lluminoſas,mol-
tas radiants Eſtelas,molts patricis inuincibles, han
lluſtroſament adornat en la nit de les comunas
turbulẽciàs alCathalà emisferi.Pero noſtre Depu-
tat auguſt,cõ la Vrſa major a la Vrſa menor,los ha
ſobrepujat en la claredat del nom;pus ja lo nom
de Claris,ſuperioritats indica de reſplendors.Com

                             Aqua-

Aquario a la fletja de Alcides, los ha dexat atras en numero de Estelas, indices de sas virtuts.

Y finalment com a Estela de la primera magnitut, los ha obligat a culta veneració ab lo resplendor de las obras. Que a be que eran los demes Ciutadans valerosos, sos Germans en patria, y Estelas en raigs llustrosos: ab tot, axi com Ioseph als demes, axi la Estela de Claris, domina las dels altres Patricis. Perque la puresa, lo resplendor, lo acert, lo valor, lo aliento, y finalment la claredat en la virtut ha enfenyat la diferencia de Estela a Estela segons lo Apostol, *Stella enim a Stella distat in claritate*.

EPILOGO.

O Claris noble, o vencedor inuicte, ó Atleta feliz, Tutelar, Llibertador, y Pare de la Patria fortunada mes per filla de vostre valor, que per mare de vostre vida. Vos generosament ornat de mes celestes, immortals lauréolas, que oferia Roma a sos Campións valerosos: mort al sentiment de la ausencia: viu a la aclamació de la gloria.

Vos Palma constát, Cedró incorruptible, Fenix etern, Aguila perspicás, Serp prudent, Columna de lliris candidos cenyida, Atlant, y Alcides inuincible de la Patria.

Vos Sol que renaix del lúgubre occident, del

funest

funeſt Occàs de la terreſtre vida, a la Aurora ſempi-
terna de la ſoberana gloria: Sol que cegant las fu-
rias enemigas ha diſpenſat les victorias : Sol que
ha parat ſon curs contra las injuſtas armas.

Vos Lluna que reſplandeix en les ſombres; que
ſe oſtenta en la tribulacio; que domina la tormen-
ta; y que acclara la nit mes tenebroſa.

Vos Aſtre fulgent, Côſtellacio clara, Nort llu-
ſtròs, Angel protector, guarda vigilant, y defenſa
valeroſa de la Igleſia. Vos Ioſeph preferit per lo
ſoberà Iacob, als demes commilitòns, y Antago-
niſtas de les temporals peleas.

Vos al fi a qui veneran nacions diuerſas, quantas
fauorables obligà voſtre prudencia, enemigas ſub-
jugà voſtre valor.

Perdonau humil diſcurs, toſco eſtil, groſſera plo
ma pus diſculpa mon afecte a tant objecte quants
ma incapacitat cauſa defectes en lo efecte. Que jo
a peſar de ma ignorancia propria, reſtarè vſanamẽt
content de auer ab les debils forças de mon inge.
ni (barca poca a tant imens oceano de alaban-
ças) ſeguit lo precepte del Ecleſiaſtic. *Lau-*
demus Viros glorioſos, & Parẽ-
tes noſtros in genera-
tione ſua.

SILVA.

SILVA.

ANima pura, quen regio divina,
   descansas vencedora
   de funest occident, à eterna Aurora:
Tu que la esfera habitas cristalina,
en la immortal morada
de la suprema zona;
que faustament destina
igual à tas virtuts, gloria sagrada
digne à tos merits, inclyta corona.
O Claris generòs, cèlebre, invicte,
a qui la Patria, y la suprema esfera
en pomposa pietat, en pompa pias;
aclama, honra, y venera
Ou esta humil, y rustica Talia,
que pera tanta gloria,
que pera empresa tanta
metrica inspiracio desija, quanta
ab célebre alabança,
consagra a ta memoria,
lo temps en bronzos, en diamants la historia,
Espanya en iras, y en tropheos França.

Ou est de ma ronca musa
rudo estil, tosco borró,
quen ta gloria vencedora,
amparo afecta piadós.

Tal en la deserta Arabia
    entre aromatichs olors,
    breu present, alat incendi
    Phenix se dedica al Sol.
Tal a Ceres, tal a Flora
    culto offereixen deuot
    corona estiual de espigas,
    copia rustica de flors.
Tal de Pomòna als Altars
    per grosser agricultòr
    fruyts humils, en toscas fullas
    victima sagrada son.
Tal pesadament tenaz
    naufrago maritim vot,
    ancora consagra corua
    als semiescamats Tritons.
Tal jo, de mon rudo ingeni
    oferesc a ton clar nom,
    molt afecte, en poc efecte,
    molt impuls, en senyal poc.

DE la Libia abrasada a les arenas
    en regions ocultas
    cauerna forman voras̃ment obscura
    concauitats ocultas,
    que de tenebres plenas
    teatro son de horror, centro de penas.
Del ayre ambient la qualitat impura,
    ploma veloz en son districte ignora,
    no aqui turba canora
    les auroras, saluda lisongera,
    sols torpe, y agorera
    sas queixas repeteix veu iracunda,
    de Escalafo, ja ploma acelerada
    de hostilitats volatils infestada,
    que tristament enorme

a la Deessa està acusant Triforme.
Aquesta donchs profunda
  stacio de la nit, terror del dia
  la Enueja ocupa impia,
  la Enueja habita immunda,
  furia tremenda, formidable fera,
  de mes serpents crinida,
  que de Alecto Tesiphone, y Megera,
  en multitut confusa
  negres cenyiren aspids a Medusa.
Aqui de exelsas glorias aplaudida,
  de trofeos honrosos adornada,
  de palmas magestosas circuida,
  de Llorers generosos coronada,
  de orellas, y vlls vestida,
  y de alas adornada,
  sonant la trompa quel valor aclama
  axi a la Enueja va parlar la fama.

Horror portentós del Orbe,
  que desde la adusta Libia,
  fins a la Scithia gelada
  imperi vniuers dominas.
Monstruo injustament horrendo,
  furia vorasment inica,
  que ab ton cor, sustento infausto,
  ta fam dilatas canina.
Tu que ab lOdi solament
  conjuncta tens Sympatia
  contubernal a ta furia,
  y complice a ta malicia.
Tu que a Cain arrogant
  impellires venjatiua
  a que del mon en la infancia
  barbaro fos fratricida.
Tu que a Dathan, y Abiron
                              mogue-

mogueres, de qui las iras
boca de volcans relata
llengua de flamas publica.
Tu que al sempre just Ioseph
imposares enemiga
ja en concauitàt Hebrea,
ja en esclauitut Egypcia.
Escolta mas veus, escolta
monstruo vil, Enueja impia
las glorias, que a sa alabança
fins a ton furor incitan.
Iscan contra mon accent,
yras que tos vlls fulminan,
furors, que ta llengua aborta,
pesars, que ta veu conspira.
Que a be quen vlls, llengua, y veu,
pesars, iras, furors iscan,
juntament ab tas memorias
célebres faràs las mias.
Yo so la fama, Yo so.
a qui las aras antigas
per Geganthèa deitàt
de la terra adoran filla.
Yo so, la que ab trompa vsana.
sonorament peregrina
eternitats alimenta,
immortalitats anima.
Quanta piràmide excelsa,
quanta remontada Pira
eternas ensenya glorias,
perennes sigles indica.
Quanta pompa memorable,
quanta aclamacio propicia,
cadúcas dilatan Cendres
debils conseruan reliquias.
Escèltes son de ma trompa,

que ditxosament inspira
en cada accent molt honor,
y en cada honor molta vida.
Y ara no vana Ambicio,
justa si empresa, me incita,
que de la Libia abrazada
penetre lo torpe Clima.
Hont Betulo, y Llobregat
campanya argentan florida,
esmalt vistós de sas onas,
recreo vfà de sas Nimphas.
Iau Barcelona, ò no jau,
que ja constantment innicta
alçada del llarg letargo
euos immortals respira.
Aqui aplaudiràs vençuda,
a qui aclamaràs rendida
lo valor mes alentat,
la constancia mes invicta.
Quen sos brózes, ô en sos qaadros
gloriosament coronistas,
lo sinzell de la edat grana,
lo pinsell del honor pinta.
De Claris vull dir, aquell
quen posteritat festiua
quants lo circundan aplausos
sigles tants lo immortalizan.
Aquell feliz Palinuro
que tingue per sa Prouincia,
simple lo cor de Iacob,
doble lo esperit de Elias.
Aquell que com Eliséo
posthumo honor profetiza,
viuent suspengué la mort,
y allarga disunt las vidas.
Aquell que Moyses insigne

ab

ab la célica milicia
tants pobles ha llibertat
de la esclauitut impia.
Sols vinc però que obligada
de hazanyas tant inauditas
tu Enueja, tu las celebres
contra ta furia maligna.
Tu propria has de ser la trompa,
pus juntament ab la mia,
quant enuejas sos trofeos
mes sos merits calificas.
Tu has de aplaudir sas memorias,
tu has de coronar sas ditxas
del agram obsidional
fins a la ciuica alzina.
O fausta alabança, aquella
que felizment proferida,
ni en la boca de la Enueja
pert la memoràble estima.
Y axi honrarà Barcelona
de son fill la immortal vida.
Estimarà Cathalunya,
sas memorias repetidas.
Aplaudirà lo vniuers
de son nom glorias inuictas.
Proseguiré jo, alabanças,
y tu oluidaràs malicias.

Calla la fama apenas,
y veu respon tragicament confusa
de Nimpha desdenyada
en sonoras cauernas sepultada,
Eco que per sentir de amor las penas
a Amant Philautic durament rendida,
letals desdenys acusa,

y ab mes quexa que vida,
en penya resta inculta conuertida.

Ya romp la Enueja les serpènts impuras
cultòrs infaustos de la vil morada;
Ya grutas dexa letalment obscuras,
y als ardors de Phaetòn aspira osada;
Del ayre tumultuànt les onas puras
barca penetra velozment alada,
ni tem borrascas, ni furors recela
ques Fama lo pilot, Honór la vela.
Tal altiua Athalanta en la carrera
ràpida cursa, corre pressurosa.
Tal los cristalls de la espumant riberà
veloz discorre Galathèa hermosa.
Tal de Ioue lisonja romp la esfera
Aguila ab Guenimedes generosa.
Tal es la Enueja ab llaugereza tanta
Aguila, Galathea, y Athalanta.
Alta bol... la Enneja, y tant festiua
que ab la Fama celebra les victorias
la Fama enneja sa bolada altiua,
pero junt ab la Enueja illustra glorias,
y quant de Claris la virtut natiua
ab cultas cinyen funerals memorias,
la Fama enueja, si la Enueja aclama
famosa Enueja, y enuejosa Fama.

SOLI DEO HONOS.